《상상수집가 조르주》를 만나다

'상상력에게 권력을!', 세계를 바꾼 문화 혁명이라 불리는 프랑스 68혁명 때 젊은이들이 들고 나온 구호입니다. 무엇이든 자유롭게 상상할 수 있는 나라가 정말 살 만한 나라라 여긴 것이지요. 《상상수집가 조르주》는, 마음껏 생각하고 놀고 상상하는 데 중심을 두는 프랑스 예술 교육 철학이 그대로 드러난 책입니다. 책장을 넘기며 읽고, 만들고, 놀다 보면, 자연스레 지식 정보를 얻을 수 있는 것은 물론이고, 아이들 스스로 생각하고 상상하는 힘이 커지게 됩니다.
사실, 도서관에서 처음 이 책을 펼쳤을 때 아이들은 무척 당황했습니다. 기존 책과 많이 다르기 때문이었지요. 하지만, 곧 책 속으로 빠져들었습니다. 혼자 볼 때는 뒹굴며 상상하고 노는 책이 되고, 누군가와 함께 볼 때는 관계를 맺고 이야기를 만드는 책이 되었습니다. 깔깔거리다가도 진지해지고, 조잘거리다가도 다시 심각해지는 책. 책을 읽는 공간은 진지한 실험실이 되었다가, 신비로운 우주가 되었다가, 시끄러운 공사장이 되었습니다. 가장 신기했던 일은, 책을 별로 좋아하는 않는 아이들이 이 책에 쉽게 빠져드는 것이었습니다. 책을 '읽는다'는 생각보다는 책과 '논다'라고 느끼는 게 이 책이 가진 가장 큰 힘이 아닐까 싶네요.

- 박미숙(책놀이터 도서관장)

《상상수집가 조르주-공룡》의 표지를 보여 줄 때부터 교실은 흥분하기 시작했습니다. "저건 티라노사우루스야!" "아니야! 그건 트리케라톱스야!" 초등학교 1학년 남자 아이들 대부분이 공룡을 좋아하긴 하지만 예상보다 더 환호했습니다. 여학생도 마찬가지였고요. 만들기, 이야기, 놀이는 어린이들이 가장 좋아하는 세 가지 활동입니다. 이 세 분야가 버무려져 있는 것만 봐도 《상상수집가 조르주》는 어린이를 잘 이해하고 있는 책입니다. 지금 당장 만들기를 하고 싶지 않다면 이야기를 읽고, 이야기를 읽고 싶지 않을 땐 놀이를 하면 지루할 틈이 전혀 없으니 말입니다. 그런 의미에서 이 책은 아주 좋은 놀잇감입니다. 아이들이 자기의 생각을 펼치고 주변과 좋은 관계를 맺으며 성장하기를 바란다면, 아이 곁에 《상상수집가 조르주》를 두는 것, 꽤 괜찮은 방법인 것 같습니다.

- 조항미(경복초등학교 교사)

《상상수집가 조르주》는 무엇이 들었는지 궁금증을 자아내는 보물 상자와 같습니다. 책장을 펼치는 순간 이상한 나라의 앨리스가 들어갔던 상상의 토끼 굴에 빠져드는 경험을 하게 됩니다. 꼬리에 꼬리를 무는 수수께끼 놀이의 시공간 속에서, 세상과 다양한 물음표와 느낌표를 주고받으며 아이들은 스스로 상상 이상의 빛나는 세상을 만들어 갑니다. 아이들은 이야기 활동, 놀이 활동, 지식 활동을 오가며 각 권의 주제들을 다양한 각도에서 탐색하고 탐구해 나갑니다. 그러는 동안, 만들기와 요리, 영화와 언어, 과학 등 일상 속의 다양한 활동으로 자신의 세상을 알록달록 물들이는 경험을 하게 됩니다.

- 예정원(문화예술교육활동가)

상상수집가 조르주

메종 조르주 출판사 기획 | **이희정** 옮김

고래뱃속

안녕? 난 상상수집가 조르주예요!
나는 매일 상상을 모아요.
상상은 엄청 재밌고 멋지거든요.

상상은 궁금한 걸 알아 가고,
새로운 걸 발견하고, 세상을 탐구하고,
실험하고 노는 거예요.

조그만 상상이 모이면 힘이 세져요.
나를 바꾸고, 우리를 바꾸고, 세상을 새롭게 만들어요.

상상이 없는 세상은 정말 상상할 수 없어요.

오늘, 난 유령의 세계로 떠나 상상을 잔뜩 모을 거예요.
나랑 같이 갈래요?

이 책은 모두 유령에 관한 것들이에요.
짜릿한 이야기와 놀이의 세계로 빠져 볼까요?

1부
이야기

긴 이야기 **유령이 최고야!** / 6
인터뷰 **유령 배우 존 고스트를 만나다** / 16
짧은 이야기 **팡피와 고리의 무시무시한 쇼** / 18
실제로 일어난 이야기 **유령선** / 20
뒤죽박죽 마키의 모험 **비밀 지하 묘지에 간 마키** / 22

2부
놀이

놀이 1 **칙칙폭폭 유령 기차** / 26
놀이 2 **마녀가 전해 준 목록** / 28
뚝딱뚝딱 **종이 유령 만들기** / 30~32
놀이 3 **보글보글 유령 광고** / 33
놀이 4 **신나는 핼러윈** / 35
놀이 5 **죽은 자들의 날** / 36
놀이 6 **유령들이 사는 성** / 38
놀이 7 **무시무시한 동물 가게** / 40

3부
쓸데 있는 지식

직업 **유령 전문 연기자** / 44
언어 **루마니아어** / 46
과학 **유령 소마트로프** / 48
영화 **아담스 패밀리** / 50
요리 **유령섬** / 52

+
낱말 풀이와 정답

어려운 낱말을 알아봐요 / 55
문제의 답이 있어요 / 56

1부
이야기

긴 이야기
- 유령이 최고야!
  6

인터뷰
- 유령 배우 존 고스트를 만나다
  16

짧은 이야기
- 팡피와 고리의 무시무시한 쇼
  18

실제로 일어난 이야기
- 유령선
  20

뒤죽박죽 마키의 모험
- 비밀 지하 묘지에 간 마키
  22

(릴리 스크라치가 쓰고 그린 이야기야. 맘껏 색칠해 봐!)

내 이름은 톰이야.

나는 세상에서 가장 힘이 세지도, 멋지지도 않지만

어마어마한 재주가 있어.

사실 나는 유령이거든!

내가 어디에 있게?

이 뒤죽박죽 난장판*에서 나를 찾아봐.

자세히 보면 조그만 강아지와 거미도 찾을 수 있을 거야.

내가 꽁꽁 숨겨 놓은 초콜릿도 찾아봐. 아직 남아 있다면 말이야!

수리수리마수리

유령은 감쪽같이 사라지는 재주가 있어.
방금까지 보이던 것이 안 보일 때가 가끔 있잖아.

자, 생각해 봐.
따끈한 우유에 코코아 가루를 타서 먹을 때 말이야.
가루가 우유에 녹아서 스르륵 사라지지?
또 과자가 가득 담긴 접시는 눈 깜짝할 사이에 텅 비어 버리잖아.
'유령 과자'가 된 거라니까.

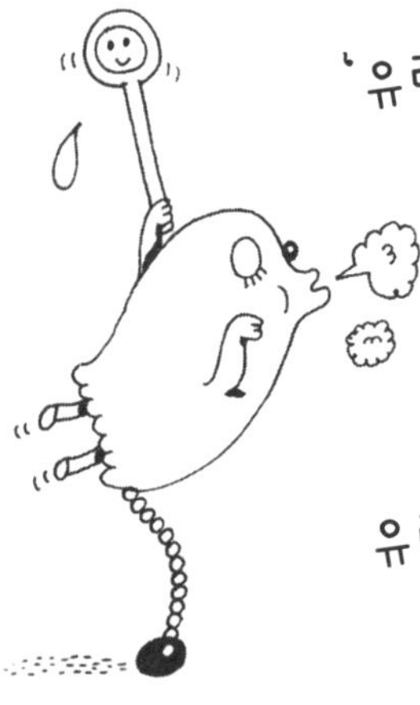

수리수리마수리!

유령은 생각보다 가까이에 있어.

'유령스러운' 일은 욕실에서도 일어나.
조그만 비누가 따뜻한 물속에 빠지면
어느새 미끌미끌하고 보이지 않는 유령이 되지.
비누는 흐물흐물 사라져 버리지만,
향기와 거품은 네 몸에 남아 있잖아.

그래 맞아, 우리 유령들은 네 가까이에 있어.
우리가 얼마나 장난꾸러기인지 아니?

왜 밤마다 머리카락이 엉망진창 헝클어지는 건지 생각해 본 적 있어?
머리칼을 마구 헝클어뜨리고 싶어 하는 게 누굴까?
걸핏하면 왜 양말이 한 짝씩만 사라지는 걸까?
세탁기가 밥 먹듯이 양말을 꿀꺽꿀꺽 삼킨다고 생각해?

냉장고 케첩 통 뒤에 몰래 감춰 둔 딸기 맛 요거트는
어디로 사라진 걸까? 
오래전에 엄마가 사 놓은 맛없는 무설탕 요거트는
냉장고 구석에 그대로 있는데 말이야.
보나 마나 우리 유령들 짓이야.
유령은 맛있는 걸 좋아하거든.

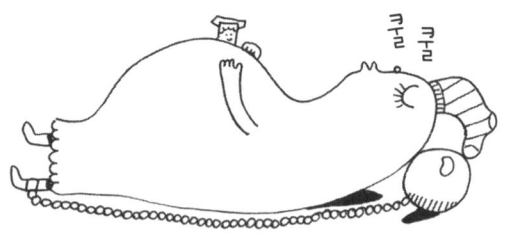

나로 말할 것 같으면, 아주 영리한 유령이야.

아무도 나를 볼 수 없도록 집 안에 은신처*를 만들었거든.

"유령은 언제나 조심조심."

우리 유령들이 손수건을 뒤집어쓰고 다니는 꼬맹이 때부터

귀가 따갑도록 듣는 말이야.

그래서 나는 좀 더 안전한 곳을 찾다가

정말 기발한* 생각을 해냈지 뭐야.

바로 사람들의 안경 끄트머리에 숨는 거지!

그렇게 해서 나는 온종일 들킬 염려 없이

마음껏 돌아다닐 수 있게 됐어. 헤헤.

나는 뭐든 하고 싶은 대로 할 수 있는 유령이야!

그러니까 다시 고쳐 말해야겠다.

세상에서 가장 힘세고 멋진 유령은 누구라고?

바로 나, 이야!

인터뷰

글·그림 릴리 스크라치

유령 배우 존 고스트를 만나다

진짜 유령이 있다면 어떨 것 같나요? 유령들은 어떻게 지낼까요?
지금부터 이야기나 영화에서 많이 본 진짜 유령을 만나 볼 거예요.
앞에서 본 〈유령이 최고야!〉에 톰 역할을 맡은 존 고스트를 소개합니다.

그동안은 무서운 이야기에서 자주 뵈었는데, 이번엔 재밌는 이야기에 출연하셨어요. 이번 작품은 마음에 드셨나요?

존 그럼요. 마음에 들고말고요. 정말 즐거운 마음으로 연기했어요. 나를 제대로 표현하면서 상상을 마음껏 펼칠 수 있는 멋진 역할이었어요. 귀가 쩌렁쩌렁 울리는 비명 소리도 없고, 우는 아이들도 없고, 머리가 쭈뼛 선 사람들도 없고요. 그거 아세요? 이 역할은 우리 유령들의 진짜 모습과 많이 닮았어요. 사실 유령은 정말 장난꾸러기거든요. 제 입으로 이렇게 말씀드리는 건 좀 쑥스럽지만요. 하하하.

이야기나 영화에 종종 유령이 등장하곤 하는데요. 이러한 현상*이 유행이라고 보시나요?

존 글쎄요. 솔직히 저는 유행이라고 생각하지는 않습니다. 아주 오래전부터 유령들은 영화나 문학 속에 꾸준히 등장해 왔거든요. 찰스 디킨스*의 소설 《크리스마스 캐럴》에도 나왔고요. 〈고스트버스터즈〉, 〈비틀주스〉, 〈꼬마 유령 캐스퍼〉 같은 영화에도 나왔죠. 아참, 〈사랑과 영혼〉이라는 영화도 빼놓을 수 없죠! 패트릭 스웨이지*라는 잘생긴 배우가 주인공인데, 저도 거기 출연했답니다! 그 반짝이 장식들, 인터뷰*……. 아, 제가 잠시 샛길로 빠졌네요. 아무튼 유행이라는 말이 나와서 말인데, 우리가 뒤집어쓰는 천 있잖아요. 그것 좀 요즘 시대에 어울리는 거로 바꿔 주시면 좋겠어요. 유명 디자이너를 불러 주시든가요. 제발 부탁드립니다. 우리 유령들 패션도 신경 써 주세요! 할머니 홑이불 같은 낡고 하얀 천은 이제 지긋지긋해요!

영화 촬영이 없을 땐 하루를 어떻게 보내시나요?

존 촬영이 없는 날은 저도 다른 유령들이랑 똑같이 지내요. 주로 어떻게 하면 들키지 않고 자연스럽게 숨어 있을지 궁리하죠. 유령은 쉴 틈이 없어요. 언제나 상상을 현실로 만들어 내야 하거든요. 예를 들면, 커튼 모습으로 있다가 식탁보로 변하는 거죠. 도중에 커다란 수건으로 변하기도 하고요. 그런데 한 번은 이런 일도 있었어요. 숨어 있다가 나가서 사람들을 깜짝 놀라게 하려고 했는데 숨어 있을 데가 없는 거예요. 그래서 온종일 휴지 상자 속에 있었어요. 나들이도 못 하고요!

마지막 질문입니다. 유령들도 무서워하는 것이 있나요?

존 유령이 무서워하는 거요? 농담이시죠? 하하하, 누군가를 겁주는 게 우리 유령들의 일인걸! 우린 누구든 간에 겁줄 수 있어요. 커다란 공룡이 눈앞에 있어도 무섭지 않아요! 농담도 잘하시네요. 하지만 아주 솔직히 말씀드리면, 고슴도치는 조금, 아주 조금 무서워요. 우습게 들릴지도 모르지만, 그 뾰족뾰족한 가시들을 보면 절로 몸이 움츠러들어요! 수천 개나 되는 가시로 날 찌를 것만 같아요. 유령 살려! 고슴도치는 딱 질색이에요! 유령 살려! 찔릴까 봐 무서워요! 아아아아악!

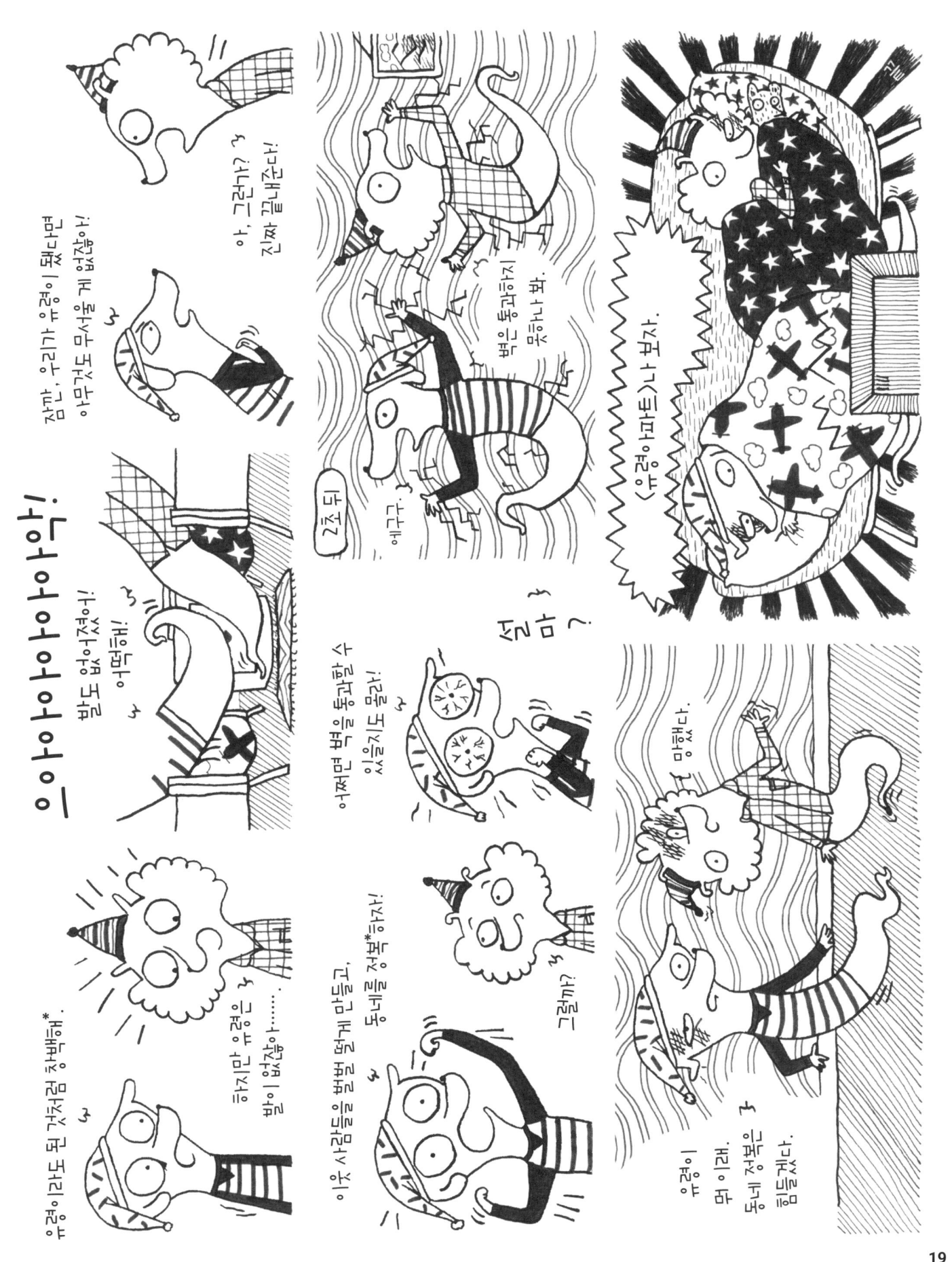

실제로 일어난 이야기

글 뱅상 자도 그림 세브랭 미예

유령선

바다를 항해하다 유령이 타고 있는 배를 만났다고 상상해 보세요. 정말 오싹하지요?
원래 뱃사람들은 거센 파도와 휘몰아치는 태풍도 전혀 겁내지 않아요.
이 용감한 뱃사람들이 400년 가까이 두려워하는 게 딱 하나 있어요.
바로 유령선 플라잉더치맨호가 나온다고 알려진 바닷길이지요.
유령이 타고 떠돌아다닌다는 플라잉더치맨호는 전설일까요, 진실일까요?

전설의 시작

17세기 네덜란드인들은 무역선을 타고 전 세계의 바다를 누비고 다녔어요. 남쪽 바다까지 가는 데 보통 아홉 달이 걸렸는데, 네덜란드 무역선들은 다섯 달이면 도착했어요. 그런 배들을 '마치 하늘을 나는 것처럼 빠르다'는 의미로 플라잉더치맨(날아다니는 네덜란드인이라는 뜻)라고 불렀지요. 당시에 영국인들은 바다를 주름잡아 부자가 된 네덜란드인들을 질투했어요. 악마가 네덜란드인들을 도와준 거라고 수군거리기도 했지요.

유령선 플라잉더치맨호의 전설은 그때부터 시작되었어요. 사람들의 입에서 입으로 전해지면서 선장 이름은 포케, 반 데르 덱켄, 마지막엔 타스만(호주의 태즈메이니아섬을 발견한 네덜란드 탐험가)으로 바뀌지만, 이야기의 배경이 남아프리카공화국의 희망봉* 근처 바다라는 것은 변함이 없답니다. 5000척이 넘는 배가 가라앉은 험한 곳이지요. 전해 내려오는 이야기로는 유령선과 선원들이 그곳에서 사라졌고, 나쁜 짓을 한 죗값으로 유령이 되어 세상이 끝날 때까지 넓은 바다를 떠돌아다니는 벌을 받았다고 해요. 그래서 배들이 그곳을 지날 때 유령들이 나타나 못 가게 막는 거라고요.

유명해진 계기

1839년 영국 소설가 프레더릭 매리엇이 플라잉더치맨호에 대한 소설을 써서 전 세계 많은 독자의 사랑을 받았어요. 매리엇은 전직 영국 왕립 해군 대위였지요. 하지만 유령선을 세상에 널리 알린 사람은 음악가 리하르트 바그너예요. 바그너는 바다를 떠돌아다니는 무시무시한 유령선의 이야기를 담은 〈방황하는 네덜란드인〉이라는 오페라를 썼어요.

전 세계적으로 큰 성공을 거둔 영화 〈캐리비언의 해적〉 시리즈에도 유령선 플라잉더치맨호가 등장하죠. 이제 유령선은 스타가 되었어요!

전설일까, 진실일까?

19세기 말, 유령선을 봤다는 사람들의 목격담이 쏟아졌어요. 이들은 모두 희미한 붉은빛과 피에 젖은 돛을 봤다고 이야기했지요. 그중에는 나중에 영국의 왕 조지 5세가 되는 요크 공작도 있었는데, 요크 공작은 1881년 선원 열두 명과 배를 타고 가다가 바다를 떠도는 유령선을 보았다고 했어요. 여러분은 배를 타고 가다가 바다에서 유령선을 마주치더라도 놀라지 않겠죠? 보나 마나 플라잉더치맨호일 테니까요. 그렇죠?

뒤죽박죽 마키의 모험

구성 로지, 오르젤 그림 마르타 오르젤

💀 비밀 지하 묘지에 간 마키

여우원숭이 마키는 마다가스카르에서 모험을 찾아 여기까지 왔어요. 온통 축축하고 고약한 냄새가 나는 이곳은…… 으악, 지하 묘지예요!

얍, 얍, 얍! 마키는 조심조심 발을 앞으로 내디뎌 보았지만, 너무 컴컴해서 제대로 방향을 잡기가 어려웠어요. 결국 길을 잃고 같은 장소를 뱅뱅 맴돌았어요.

꺄악! 유령이 나타났다! 마키는 등골이 오싹해지고 온몸에 소름이 돋았어요. 겁에 질린 마키가 달아나는데 언뜻 사다리가 눈에 띄었어요. 주위를 둘러보니 또 다른 사다리가 보였어요. 마키는 사다리를 타고 조금씩 조금씩 아래로 내려갔어요.

어둠 속에서 조그만 두 눈이 반짝였어요. 박쥐 아주머니예요! 지나다니는 이가 워낙 드문 곳이라 박쥐 아주머니는 말동무가 오는 걸 좋아해요.

"밝은 데로 가는 길을 가르쳐 줄게. 하지만 너랑 같이는 못 가겠구나. 나는 빛을 별로 안 좋아하거든."

마키는 박쥐 아주머니가 알려 준 대로 여러 계단을 오르락내리락했어요. 그러다가 어떤 문 앞에 도착했어요. 문을 열자 눈부신 빛이 쏟아져 들어왔어요.

› 친구들과 함께 마키가 어떤 길로 갔는지 알아보는 놀이를 해 봐요.

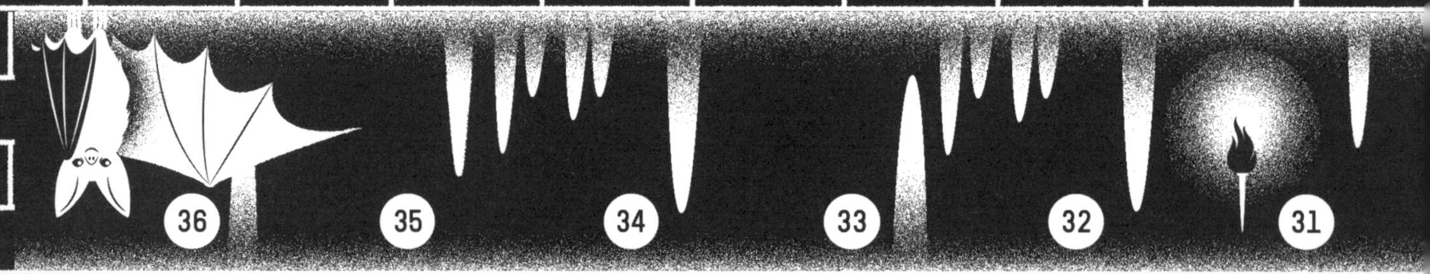

비밀 장치 (미리 번호에 색칠을 해 두면 좋아요.)

- **횃불** ⑥ ⑱ ㉛
  조금 환해졌어요. 한 번 더 주사위를 던져요.

- **유령** ④ ⑧ ⑮ ㉙ ㊲
  겁이 잔뜩 났군요. 두 번 쉬어요.

- **박쥐 아주머니** ㊱
  지름길을 알려 주네요. 세 번 더 주사위를 던져요.

- **사다리** ⑦ ⑭ ㉓ ㉚
  사다리를 타고 내려가서 한 번 더 주사위를 던져요.

37

2부
놀이

놀이 1 칙칙폭폭 유령 기차
26

놀이 2 마녀가 전해 준 목록
28

뚝딱뚝딱 종이 유령 만들기
30~32

놀이 3 보글보글 유령 광고
33

놀이 4 신나는 핼러윈
35

놀이 5 죽은 자들의 날
36

놀이 6 유령들이 사는 성
38

놀이 7 무시무시한 동물 가게
40

놀이 1 칙칙폭폭 유령 기차

으악, 놀이공원에서 유령 기차를 탔어요! 어떤 유령들이 튀어나올지 몸이 덜덜 떨려요.
1 '유' 자로 시작하는 낱말을 여덟 개 적어 보아요.

그림 엘레나 그자우사

2 유령 기차를 탄 친구들이 ㄱ, ㄴ, ㄷ, ㄹ 중에 어떤 길로 갈지 고민하고 있어요. 각각 보기에 해당하는 길을 찾아보세요.

① 프랑켄슈타인* 발목을 지나가고, 늑대 인간 발목을 지나가는 길 ( )
② 해골 손목을 지나가는 길 ( )
③ 드라큘라 입 모양 문을 두 번 지나가고, 늑대 인간 위로 지나가는 길 ( )

놀이 2 마녀가 전해 준 목록

그림 아르노 페츨

마녀가 고민에 빠져 있어요. 너무 바빠서 그렇대요. 빗자루 타는 연습도 해야 하고 마술 물약을 만들 재료도 모아야 하거든요. 마녀 노릇도 쉬운 일은 아니에요! 우리가 좀 도와줄까요?

마녀가 마술 물약의 재료를 모아 달라고 부탁했어요.
마녀가 전해 준 목록을 아래 글자 표에서 찾아보세요.
가로, 세로, 대각선 방향으로 찾으면 돼요.

글자 표

파	보	입	서	망	토	일	두	표	조	르	집	력	식	안	검	고	타	일	셀
아	준	해	주	로	수	조	가	애	라	주	분	애	게	둘	랴	줄	이	야	급
찾	목	전	리	메	존	리	구	최	이	룡	유	야	이	달	긴	호	는	기	럼
사	룩	가	노	씨	와	나	수	눈	야	기	팡	파	위	걀	박	구	리	의	처
에	이	에	프	링	스	기	야	리	이	헌	스	뼈	다	귀	불	모	스	모	션
표	있	른	랑	무	재	위	올	빼	마	법	로	배	신	신	아	냄	치	헌	영
지	않	오	켄	는	찾	를	들	말	단	수	한	시	제	서	좀	비	에	표	옵
쉽	어	자	슈	놀	으	언	대	설	마	캐	리	씨	의	신	꺼	기	한	여	적
도	요	굴	타	리	릴	오	바	해	를	개	리	오	령	두	요	으	종	항	트
릇	늑	대	인	간	스	크	리	치	가	굴	를	싸	고	그	람	을	구	니	차
모	융	은	싱	관	없	아	빗	짜	루	야	유	이	은	짤	란	치	색	구	탕
기	올	나	눈	세	뽀	족	모	자	기	요	령	하	지	문	마	어	마	한	대
빼	빼	루	생	에	서	가	자	힘	루	이	세	지	도	멋	술	지	도	않	트
날	미	각	모	던	그	이	룡	유	나	는	지	있	솥	단	지	가	즈	제	데
거	탕	설	리	봉	가	자	먹	을	대	눈	물	아	아	라	팡	으	냈	니	투
타	코	코	가	를	타	괴	씨	독	녹	애	물	가	로	기	이	맞	라	그	리
머	리	카	락	로	버	꾸	물	약	아	소	없	어	지	파	잖	이	런	으	단
루	먼	도	어	떨	박	생	싶	읍	니	순	식	에	뱀	유	령	과	지	가	찾
지	해	놀	떠	어	쥐	과	이	케	긴	담	접	심	간	자	르	버	어	되	어
빗	요	이	앉	보	을	마	자	구	민	밖	클	곤	찻	기	리	꼬	머	용	말

마녀가 전해 준 목록

- 수리수리마수리
- 마술지팡이
- 빗자루
- 달걀귀신
- 솥단지
- 올빼미
- 호박귀신
- 두꺼비
- 용
- 유령
- 망토
- 늑대 인간
- 마법
- 냄비
- 괴물
- 박쥐
- 프랑켄슈타인
- 뼈다귀
- 머리카락
- 뽀족모자
- 독약
- 물약
- 눈물
- 뱀파이어
- 좀비

여러분,
이 페이지를 넘기면
오려서 만드는 종이 유령 한 쌍이 있어요!

책을 오리고 싶지 않거나
유령을 더 만들어 보고 싶은 친구들은
아래 사이트에 가면 그림을 출력할 수 있어요.

www.goraein.com

뚝딱뚝딱 종이 유령 만들기

디자인 장다비드 맹스루

준비물
> 가위, 풀

— 오리는 선
---- 접는 선
▬ 풀칠하는 곳

1. 오리는 선을 따라 유령 그림을 오려요.
2. 접는 선을 따라 접어서 유령의 몸통을 만들어요.
3. 풀칠하는 곳에 풀을 바르고 붙여서 유령을 완성해요.

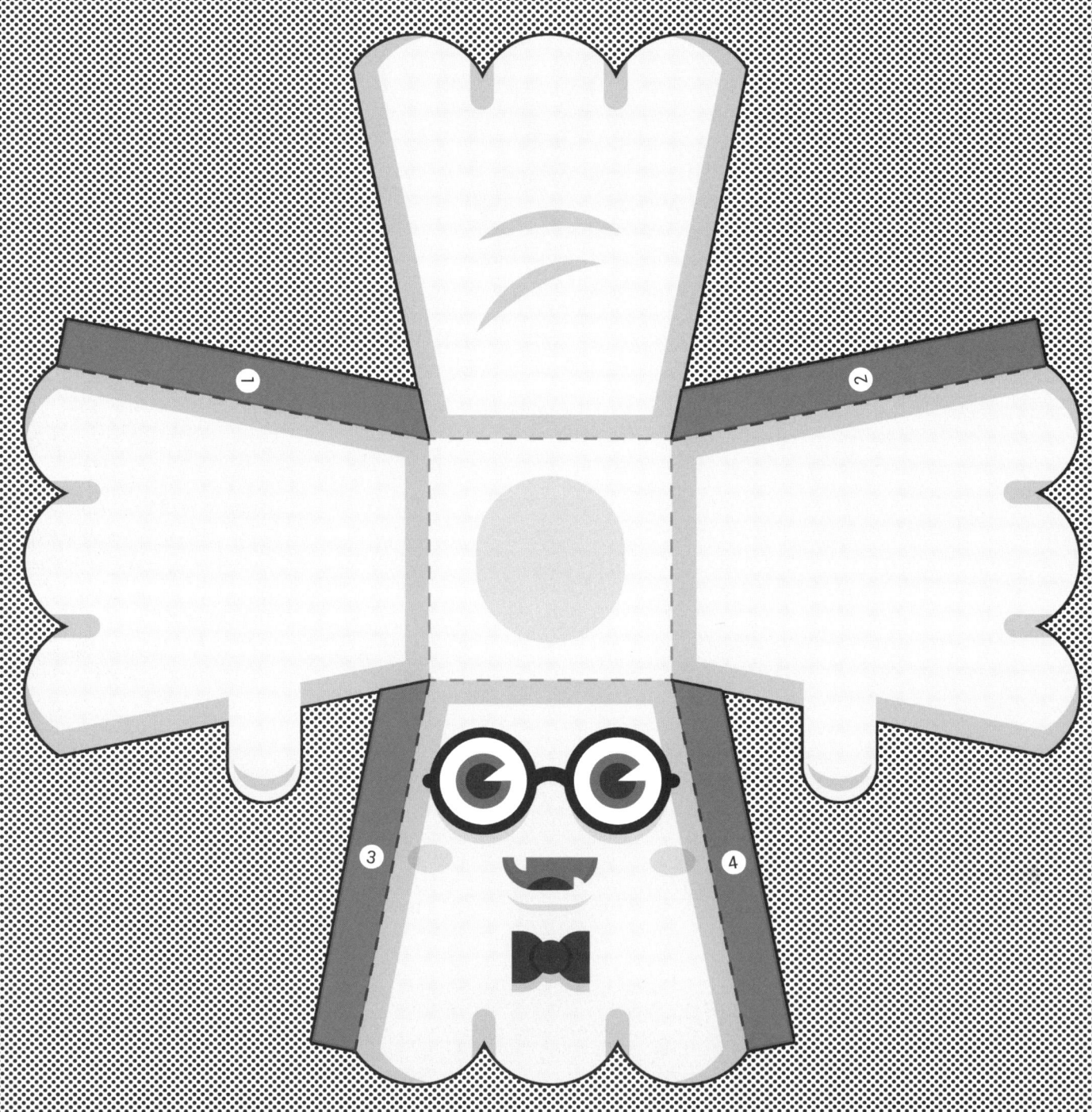

여러분, 새로운 만들기로 곧 다시 만나요!

놀이 3 보글보글 유령 광고

그림 스테파니 라슨

마녀가 유령을 위해 새로운 세탁 세제를 만들었어요. 광고 모델은 당연히 유령이겠죠? 세탁하기 전 지저분한 유령을 꾸며 보세요.

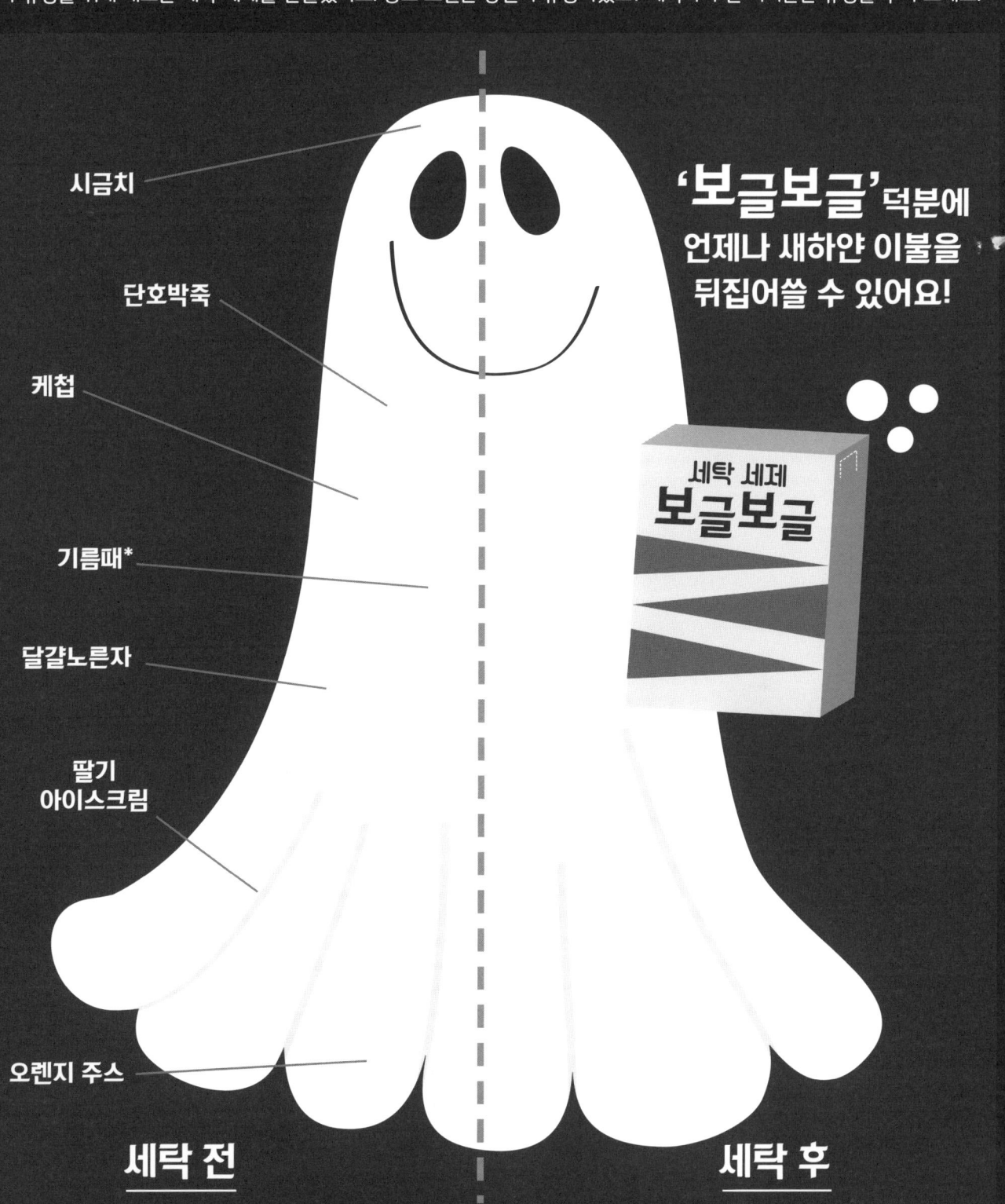

- 시금치
- 단호박죽
- 케첩
- 기름때*
- 달걀노른자
- 딸기 아이스크림
- 오렌지 주스

'보글보글' 덕분에 언제나 새하얀 이불을 뒤집어쓸 수 있어요!

세탁 세제 보글보글

세탁 전   세탁 후

놀이 4 신나는 핼러윈

그림 아누크 리카르

핼러윈에 대한 만화예요. 그런데 이상하게 그림과 글이 맞질 않네요.

1 그림에 맞는 글을 연결해 봐요.

그림 **1** > 글 ....   그림 **2** > 글 ....   그림 **3** > 글 ....

그림 **4** > 글 ....   그림 **5** > 글 ....   그림 **6** > 글 ....

2 핼러윈 축제가 무엇인지 알고 있나요? 맞는 답을 골라 보아요.

☐ ① 핼러윈은 중국에서 시작된 축제예요.
☐ ② 핼러윈 밤에는 어린이들이 집집마다 돌아다니며 문을 두드리고 사탕을 달라고 해요.
☐ ③ 핼러윈 축제를 맞아 바나나의 속을 파서 등을 만들어요.
☐ ④ 핼러윈 축제 때는 고양이로 변장을 하는 풍습이 있어요.
☐ ⑤ 어린이들이 사탕을 달라고 할 때 "트릭 오어 트릿 (Trick or treat, 과자를 안 주면 장난칠 거예요)" 이라고 말해요.
☐ ⑥ 핼러윈 축제는 10월의 마지막 날이에요.

3 이 만화의 다음 이야기를 자유롭게 상상해 보세요. 어떤 상황이 펼쳐질지 상상한 내용을 빈칸에 그림으로 그려 보세요.

놀이 5 죽은 자들의 날

멕시코 친구 오마르가 그러는데, 멕시코에는 '죽은 자들의 날'이라는 축제가 있다고 해요.
멕시코 사람들은 해마다 10월 마지막 날에서 11월 첫째 날 사이에 죽은 사람들이 이 세상에 돌아온다고 믿는대요.
'죽은 자들의 날'은 그렇게 가족과 친구 들을 만나러 오는 죽은 사람들을 기억하고 반겨 주는 축제예요.

1 그림자들도 축제를 즐기네요. 아래의 그림자들 중 위 그림과 다른 그림자를 찾아보세요.

그림 오펠리 베르노

 2 축제 때면 사람들은 노래를 부르고, 춤을 추고, 해골 모양 사탕을 만들어요.
위 그림에서 해골 모양 사탕 열두 개를 찾아보세요.

3 멕시코에 관한 내용이에요. 맞는 것끼리 선으로 이어 보세요.

ㄱ 멕시코의 국기 색은 •   • '마리아치'라고 부르는 악단이 도착하면 시작한다. 1

ㄴ 멕시코의 넓이는 •   • 멕시코시티다. 2

ㄷ 멕시코의 수도는 •   • 먼 옛날 신을 위해 제사를 지내던 신전이었다. 3

ㄹ 멕시코의 양옆에 있는 바다는 •   • 약 1억 3076만 명이다. 4

ㅁ 멕시코의 피라미드들은 •   • 대한민국의 약 20배이다. 5

ㅂ 멕시코의 인구는 •   • 노팔 선인장으로 만든 샐러드다. 6

ㅅ 멕시코에서 맛볼 수 있는 독특한 음식은 •   • 초록, 하양, 빨강이다. 7

ㅇ 멕시코의 축제는 •   • 태평양과 대서양이다. 8

놀이 6 유령들이 사는 성

그림 르노 비구르

이곳은 유령들이 사는 성이에요. 이상하게 생긴 유령들이 둥둥 떠다니고 있어요.
오늘 마녀가 유령 친구들을 만나러 왔어요. 그런데 한 유령이 장난으로 마녀에게 겁을 줬어요.
화가 단단히 난 마녀는 그 유령이 누군지 알기 위해 실마리를 찾아다녔어요.

1 실마리 네 개를 풀고, 그 유령을 찾아보세요.

실마리 1 오른쪽 상자를 참고해서 아래 비밀 문자를 풀어 보세요.

실마리 2 세 번 반복되는 글자를 모두 지워 보세요. 가그는보발사외가목사에쇠구술가을달보고사있외지않보습니외다

실마리 3 순서를 바로잡아서 올바른 문장으로 만들어 보세요. 않습니다 | 있지 | 그는 | 하고 | 눈가리개를

실마리 4 문장을 거꾸로 읽어 보세요. 다니습작 가코 는그

2 마녀는 마음 약한 사람들을 위해 성문 앞에 안내문을 써 놓았어요. 그런데 마녀가 잠깐 한눈을 파는 사이에 유령들이 또 장난을 쳐 놨어요. 다음 낱말을 이용해 안내문을 올바르게 고쳐 보세요.

- 돌아가시기
- 안내
- 문
- 지나가면
- 겁
- 사람
- 방문자
- 조심
- 바랍니다
- 성
- 감사합니다
- 들어가게
- 양해
- 사는
- 유령

방귀자 여러분, 안대해 드립니다.
고심하세요!
이 분을 쥐가나면 요령이 자는 성으로 들어주게 됩니다.
그러니 겁이 많은 사람들은 돌아주시기 버립니다.
방해해 주셔서 감상합니다.
손안에 사는 여덟 유령 씀

3 오른쪽 그림을 참고하여, 위아래가 바뀐 그림 조각을 찾아보세요.

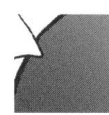     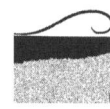

ㄱ ㄴ ㄷ ㄹ ㅁ ㅂ

놀이 7 무시무시한 동물 가게

유령의 성 바로 옆에는 무시무시한 동물 가게가 있어요. 어떤 동물들이 있나 들어가 볼까요?

1 위 그림에 있는 동물들을 표시하세요.

☐ 뱀 한 마리, 새 일곱 마리
☐ 검은 동물이 모두 두 마리
☐ 물속에 두꺼비 한 마리
☐ 날 수 있는 동물 여섯 마리

☐ 웃는 악어 한 마리
☐ 누워 있는 고양이 한 마리
☐ 눈을 뜨고 있는 박쥐 한 마리
☐ 서 있는 쥐 한 마리

무시무시한 동물들이 갑자기 화들짝 놀라네요. 글쎄, 이 동물들이 가장 무서워하는 건 바로 파리래요.

2 바뀐 그림에 있는 동물들을 다시 찾아보세요.

- ☐ 입맛을 다시는 두꺼비 한 마리
- ☐ 눈을 가린 부엉이 두 마리
- ☐ 숫자 '0' 세 개
- ☐ 날 수 있는 동물 여섯 마리
- ☐ 얼굴을 숨긴 뱀
- ☐ 다리를 오므린 거미 한 마리
- ☐ 졸고 있는 박쥐 한 마리
- ☐ 눈물을 흘리는 악어 한 마리

3부
쓸데 있는 지식

직업
- 유령 전문 연기자
  44

언어
- 루마니아어
  46

과학
- 유령 소마트로프
  48

영화
- 아담스 패밀리
  50

요리
- 유령섬
  52

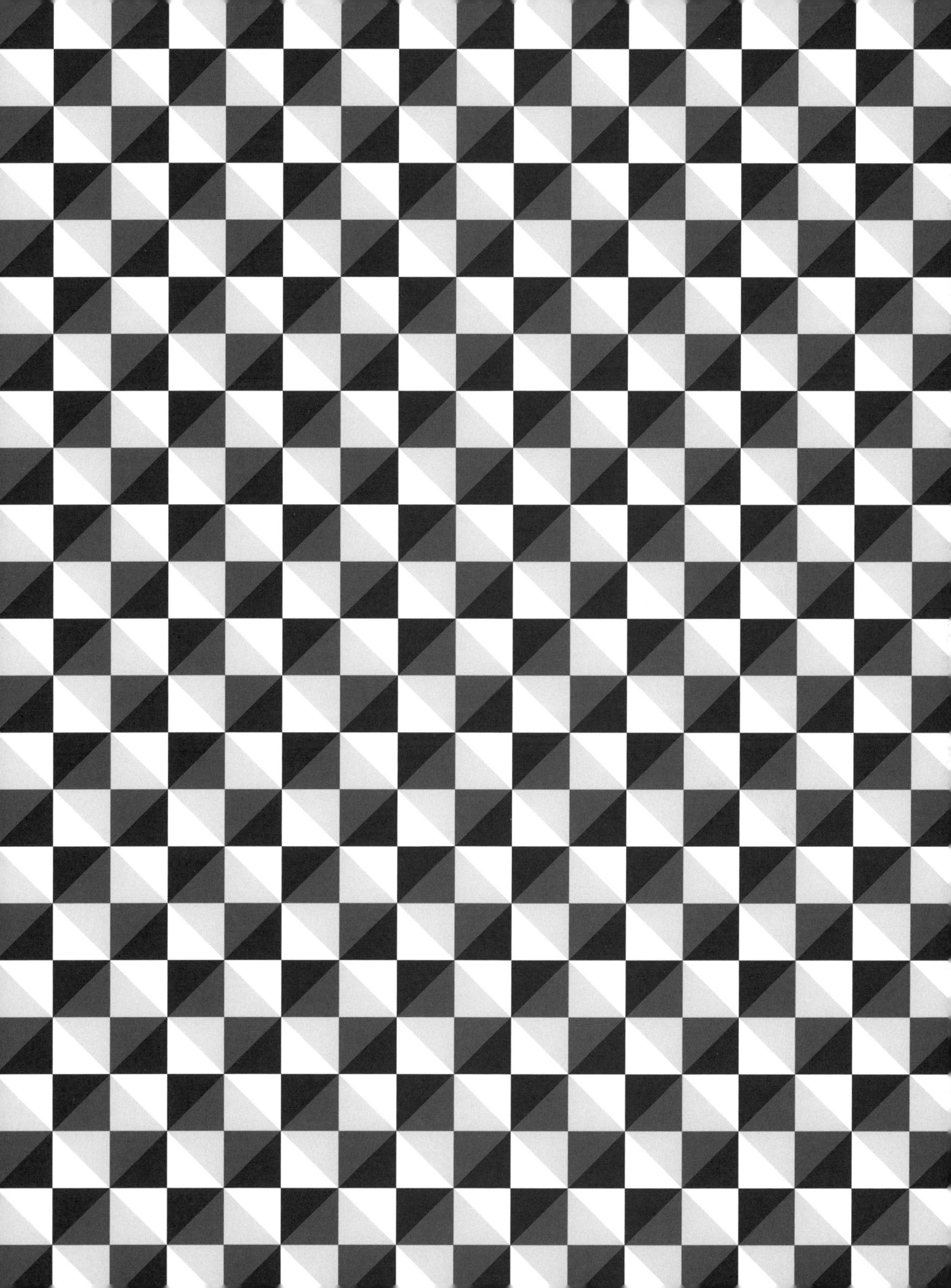

직업

글 뱅상 자도 그림 스테파니 라슨

더 실감나고 더 끔찍하게
유령 전문 연기자

구슬픈 울음소리와 여기저기에서 들려오는 비명 소리. 무시무시한 공포로 우리를 떨게 하는 유령의 집이에요.
실감*나는 유령 연기를 펼치는 연기자들이 준비를 단단히 하고 누군가 다가오기를 기다리고 있어요.
프랑스에 있는 유령의 집 '파리 저택'의 유령 전문 연기자 아드리앵을 만나 이야기를 들어 보았어요.

이런 말씀 드려도 될지 모르겠지만, 얼굴빛이 정말 안 좋아 보이세요. 약간 무섭게 느껴지기도 하는데, 괜찮으신가요?

아드리앵 그럼요, 괜찮고말고요! 그런 말을 들으니 오히려 기분 좋은걸요. 제 직업이 이 저택에 오는 관람객들을 겁주는 일이니까요. 오싹한 기분을 느끼려고 다들 돈을 주고 표를 사잖아요.

어릴 때부터 이 일을 하고 싶으셨나요?

아드리앵 아뇨, 그렇진 않아요. 배우가 될지 어린이들과 함께 할 수 있는 일을 할지 고민했거든요. 그러다 열여덟 살 때 어린이 행사에서 보조 진행자를 한 걸 계기로 여러 극단에서 일을 하다가, 파리에 있는 연극 학교에 들어가게 되었지요.

유령 전문 연기자는 어떻게 알게 되신 거예요?

아드리앵 연극 학교를 나왔지만, 배역을 찾는 일이 아주 어려웠어요. 그러던 어느 날, 우연히 친구들과 이곳 파리 저택에 놀러 왔어요. 짜릿한 공포를 느끼고 싶어서요.

기대한 만큼 무서우셨나요?

아드리앵 아뇨. 제가 원래 어둠도 거미도 안 무서워하거든요. 그래서인지 전혀 무섭지 않았어요. 하지만 이 장소가 무척 좋더라고요. 그래서 담당자분께 혹시 새로운 괴물이나 유령 전문 연기자를 찾고 있지 않느냐고 물어봤죠. 바로 캐스팅*이 되었고, 몇 주 후부터 여기에서 일하게 되었어요.

주로 어떤 일을 하시나요?

아드리앵 저는 러너*라고 불리는 일을 해요. 관람객들이 방마다 돌아다니면서 무서운 괴물 동료들을 만나는 동안, 저는 해골이나 괴물로 변장을 하고 일이 잘 되고 있는지를 주의 깊게 살펴요. 관람객들을 모두 두려움에 떨게 만들어야 하거든요! 관람 시간이 끝나면 의상을 확인하고, 분장을 점검하기도 하고, 새로운 무대 장치를 만들기도 해요. 항상 더 무서운 게 없을까 고민하죠!

몸과 얼굴에 흉터는 직접 그리신 거예요?

아드리앵 네. 이곳의 연기자들은 모두 분장사에게 교육을 받아요. 흉터를 좀 더 실감 나고 더 끔찍하게 그리려고 노력하고 있어요.

어린이들이 많이 무서워하지 않나요?

아드리앵 여긴 열 살 미만의 어린이는 관람하지 못하게 되어 있어요. 하지만 어른들보다 오히려 어린이들이 용감한 것 같기도 해요. 종종 이 앞을 지나가는 유치원생들이 "괴물들아, 안녕!" 하고 소리를 지르곤 하거든요. 깜짝 놀라는 관람객들에게 우린 "쟤들은 우리의 싱싱한 먹잇감이에요!"라고 이야기한답니다.

연기자가 되고 싶은 어린이에게 해 줄 이야기가 있으시다면요?

아드리앵 공부를 열심히 하고, 연극 수업에 참여해서 사람들 앞에서 연기를 해 보라고 하고 싶어요. 그리고 연기자가 될 기회가 온다면 놓치지 말란 이야기도요!

언어

그림 스테파니 라슨

쌀라꼴라 루마니아어

여러분도 드라큘라 백작과 그가 살던 드라큘라 성에 대한 이야기를 들어 본 적이 있을 거예요.
드라큘라 성이 루마니아의 트란실바니아라는 지역에 정말로 있다는 건 알고 있나요?
그곳에 가 보고 싶은 친구들을 위해 루마니아어를 살짝 가르쳐 줄게요.

알아 두기 → 루마니아어는 현재 사람들이 사용하는 언어 중에 옛 라틴어에 가장 가까운 언어랍니다.

알파벳은 31자예요.

a, ă, â, b, c, d, e, f, g, h, i, î, j, k, l, m, n, o, p, q, r, s, ş, t, ţ, u, v, w, x, y, z

대부분 영어의 알파벳과 비슷해요. 발음도 비슷하지만, 다른 발음도 있어요.

ă = [어]	**u** = [우]	**g** e, i 앞에 올 때 = [즈]
â = [으]	**c** a, ă, â, î, o, u 앞에 올 때 = [크]	**s** 두 모음 사이 = [스]
e = [에]	**c** e, i 앞에 올 때 = [츄]	**ş** = [시, 슈]
î = [으]	**ch** e, i 앞에 올 때 = [크]	**ţ** = [츠]

> 이제 드라큘라 백작에게 건넬 수 있는 말을 가르쳐 줄게요. 따라 읽어 보세요.

Bună, ai dormit bine azi? 안녕하세요, 잘 주무셨어요?
부너, 아이 도르미트 비네 아지

Dacă doriţi, vă pot recomanda un dentist foarte bun. 혹시 필요하시면 아주 실력 있는 치과 의사를 소개해 드릴게요.
다커 도리치, 버 포트 레코만다 운 덴티스트 포아르테 분

Nu se vede că aveţi 3 000 (trei mii) de ani, pareţi mult mai tânăr. 3000살보다는 훨씬 젊어 보이시네요.
누 세 베데 커 아베치 트레이 미이 데 아니, 파레치 물트 마이 트너르

Vrei nişte melci? Am gătit fără usturoi, mai ales pentru tine. 달팽이 요리 좀 드릴까요? 백작님을 위해 특별히 마늘은 빼고 만들었어요.
브레이 니슈테 멜치?   암 거티트 퍼러 우스투로이, 마이 알레스 펜트루 티네

 **더 알고 싶나요?**
루마니아어 낱말을 몇 개 알려 줄게요. 가족과 친구들 앞에서 뽐내 보세요.

Creion[크레이온] : 연필	**Librărie**[리브러리에] : 서점	**Trotuar**[트로투아르] : 보도, 인도
Şoseta[쇼세타] : 양말	**Jurnal**[주르날] : 신문	**Şic**[시크] : 멋, 멋진
Coafor[코아포르] : 미용사	**Şofer**[쇼페르] : 운전기사	**Maşina**[마시나] : 기계

과학

그림 스테파니 라슨

재미있는 실험실
유령 소마트로프

새로운 장난감을 만들어 볼게요. 막 회전시키다 보면 요술처럼 그림판 속 유령이 말을 걸어요.
'소마트로프'라고 불리는 이 장난감은 영화가 탄생하는 데 큰 역할을 했다고 해요.
1826년 영국의 내과 의사인 존 에어튼 파리스가 처음 만들었어요.

준비물

> 가위
+ 약간 두꺼운 종이 한 장
+ 컴퍼스
+ 색연필이나 사인펜
+ 펀처(구멍 뚫는 기구)
+ 끈 두 개

직접 만드는 법

1 컴퍼스를 이용해 종이에 지름 9㎝의 원을 그려요.
2 종이에 그린 원을 가위로 오려요.
3 종이의 한쪽 면에 유령을 그려요.
4 오른쪽 그림처럼 펀처로 종이 양쪽 끄트머리에 구멍을 하나씩 뚫어요.
5 유령 그림 반대쪽 면에 '에비!'라고 써요.
   (주의! 글자는 유령 그림과 위아래가 반대가 되도록 써야 해요.)
6 구멍에 끈을 하나씩 끼우고, 그림처럼 매듭을 지어요.
7 끈을 잡고 종이를 천천히 돌리다가 아주 빠르게 돌려 봐요.
> "에비!" 하고 외치는 유령이 보이지 않나요?

오른쪽에 있는 그림을 이용해서 만드는 법

1 두 개의 원을 오리고 풀로 붙여요.
   (주의: 유령 그림과 '에비!' 글자가 위아래로 거꾸로 오도록 붙이세요. 원 끄트머리에 있는 검은색 동그라미는 잘 겹쳐져야 해요.)
2 풀이 잘 마르면 펀처로 검은 동그라미에 구멍을 뚫어요.
3 위에 있는 6번과 7번의 설명을 따라서 해 봐요.

실험 결과

그림 두 장을 빠르게 연속해서 보면, 우리 눈은 첫 번째 그림의 기억을 간직한 상태에서 두 번째 그림을 봐요.
그러면 두 장의 그림이 합쳐진 것처럼 보이게 돼요. 방금 만든 '유령 소마트로프'처럼요.
유령이 "에비!" 하고 외치는 것처럼 보이죠? 이런 현상을 '잔상 효과'라고 해요.
존 에어튼 파리스가 만든 '새장 속의 새 소마트로프'가 유명하지요. 원형 그림판 한쪽에는 새를,
다른 쪽에는 새장을 그린 다음 그림판을 돌리면, 마치 새장 속에 새가 들어가 있는 것처럼 보여요.
페나키스티스코프, 조이트로프, 프락시노스코프 같은 광학* 장난감도 있답니다. 꼭 마법 주문 같죠?

 책을 오리고 싶지 않다면 아래 사이트에서 그림을 출력할 수 있어요.
www.goraein.com

영화

그림 스테파니 라슨

기괴한 괴짜 가족
아담스 패밀리

자, 이제 으스스한 영화를 소개할게요. 바로 〈아담스 패밀리〉예요.
이 음산한* 가족의 이야기는 원래 1930년대에 미국의 만화가 찰스 아담스가 신문에 연재한 만화였어요.
1960년대에 텔레비전 드라마로 만들어졌고, 1991년에 배리 소넨필드 감독이 영화로 만들었지요.

줄거리
아담스 가족은 유령이 나오는 기괴한 저택에 살아요. 어느 날, 25년 전 버뮤다 삼각 지대*에서 실종*되었던 고메즈의 형, 페스터가 집으로 찾아와요. 사실 그는 진짜 페스터가 아니에요. 아담스 가족의 재산을 노리고 페스터 행세*를 하는 것이죠. 차츰 고메즈는 그의 행동이 어쩐지 이상하다는 것을 눈치채고 의심하기 시작해요.

등장인물
- 고메즈, 아버지
- 모티시아, 어머니
 (고메즈는 아내를 '티치'라고 불러요.)
- 웬즈데이, 딸
- 퍽슬리, 아들
- 페스터, 삼촌
- 할머니
- 맥스, 집사

의상
오른쪽 페이지를 보세요.

액션! (저택 / 아침)
돌아온 페스터 삼촌이 저택에서 하룻밤을 보내고 난 다음 날 아침이에요. 웬즈데이, 고메즈, 모티시아와 함께 식탁 앞에 앉아 있어요. 할머니는 커다란 솥을 들고 음식을 나눠 주려고 다가와요. 맥스는 주방 안쪽에 있고, 퍽슬리는 자리에 없어요.

대사

할머니
집밥만큼 좋은 게 또 없지!

웬즈데이 *(페스터에게)*
소금 좀 주시겠어요?

모티시아 *(페스터를 바라보며)*
우리가 무슨 얘길 하고 있었죠?

웬즈데이 *(페스터에게)*
어서 주세요.

페스터가 소금 통을 웬즈데이에게 전해 주고, 할머니는 페스터의 접시에 꿈틀대는 음식을 덜어 준다.

페스터
이게 뭐예요?

모티시아
네? 우리 집 특별 요리잖아요!

고메즈 *(모티시아를 사랑스럽다는 듯 보며)*
오, 티치. *(모티시아의 손에 입맞춤을 한다.)*

할머니 *(페스터에게)*
눈부터 먼저 먹으렴.

모티시아 *(페스터에게)*
잠은 잘 잤어요?

페스터
세상모르고 푹 잤어요.

고메즈
정말? 버뮤다 삼각 지대가 사람을 이렇게 바꿔 놓을 수 있다니, 누가 믿겠어? 예전에 형은 밤새 잠을 못 자고 날뛰어서 침대 기둥에 꽁꽁 묶어 놔야 할 지경이었잖아.

웬즈데이 *(미심쩍은 듯 페스터를 바라보며)*
말도 안 돼요.

페스터
흠, 그 버뮤다……삼각 지대는 이상하고 신비로운 곳이란다, 얘야. 거기에서는 네가 모르는 일들이 벌어지고 있어. 알게 되면 깜짝 놀랄 거다.

모티시아
웬즈데이는 아마 알고 있을 거예요. 버뮤다 삼각 지대를 좋아해서 공부를 많이 하지요. 죽음과 바다, 불가사의*한 일들에 흠뻑 빠져 있거든요.

웬즈데이 *(깔보는 말투로 페스터에게)*
뭐든 물어봐요.

페스터 *(할 말을 찾지 못해 주제를 바꾸며)*
내 방에 있으니까 옛 추억이 떠오르더라. 커스터 캠프 기억나니?

고메즈
끔찍한 수용소*! *(웃음)*

페스터 *(함께 웃으며)*
아, 기억이란 놀랍지!
오늘은 집 안을 좀 돌아다니며 기억을 되살리고 싶은데.

고메즈
미안하지만 안 돼, 형. 오늘은 지하실을 정리해야 하거든.

그때 갑자기 퍽슬리가 들어온다. 손에는 밖에서 뽑아 온 '멈춤' 표지판을 들고 있다.

쉿!

바깥에선 자동차 경적 소리, 날카로운 타이어 마찰음, 뒤이어 자동차 사고 소리가 들려온다.*

멋지구나, 퍽슬리!

 위와 같은 영화 대본을 '시나리오'라고 해요. 시나리오는 등장인물끼리 주고받는 말인 '대사'와 몸짓이나 말투, 상황 등을 알려 주는 말인 '지시문'으로 이루어져 있어요. 시나리오를 읽고, 친구들과 〈아담스 패밀리〉의 주인공이 된 것처럼 연기해 보세요.

요리

그림 스테파니 라순

달콤 살벌한 디저트
유령섬

유령이 즐겨 먹는 디저트를 만들어 볼게요. 여러분도 좋아하게 될 거예요.
새하얀 유령 과자를 크림 위에 섬처럼 띄워 먹는 '유령섬'이라는 디저트랍니다.
전동 거품기가 없다면 어른에게 손으로 거품기를 열심히 저어 달라고 하세요.

재료
> 도움을 줄 어른 한 명
+ 달걀 네 개
+ 우유 600㎖
+ 바닐라빈* 한 개
+ 설탕 130g
+ 소금 조금
+ 얇게 저민 아몬드 약간

만드는 법

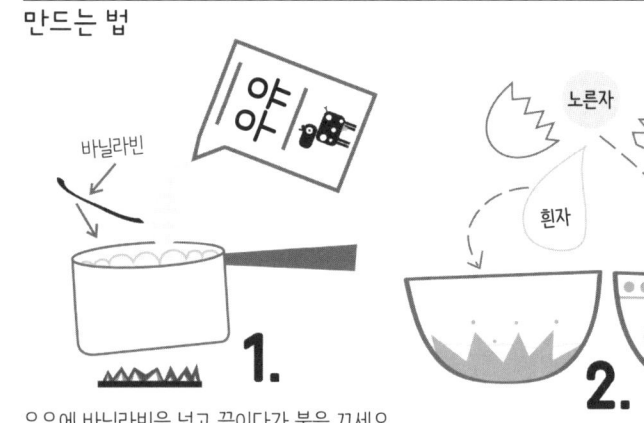

1. 우유에 바닐라빈을 넣고 끓이다가 불을 끄세요. 5분 기다린 다음 바닐라빈을 꺼내요.

2. 달걀을 노른자와 흰자로 분리해요.

3. 달걀노른자에 설탕 80g을 넣어요. 거품기로 젓다가 1의 뜨거운 우유를 붓고 섞어요.

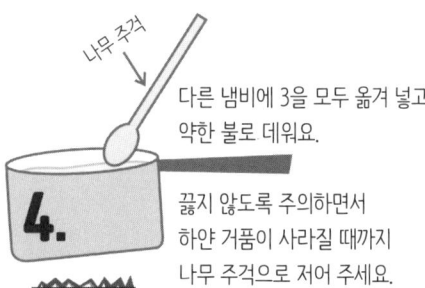

4. 다른 냄비에 3을 모두 옮겨 넣고 약한 불로 데워요. 끓지 않도록 주의하면서 하얀 거품이 사라질 때까지 나무 주걱으로 저어 주세요.

5. 크림이 완성되면 식힌 다음 냉장고에 넣어 주세요.

6. 오븐을 180℃로 예열합니다.

7. 달걀흰자에 소금을 조금 넣고 전동 거품기로 눈처럼 하얗게 거품을 내세요. 그릇을 뒤집어도 쏟아지지 않도록 충분히 거품을 내야 해요.

8. 설탕 50g을 살살 넣고 섞어요.

9. 이렇게 섞은 반죽을 실리콘 틀 속에 넣어 주세요(동그란 모양이면 좋아요). 표면을 매끄럽게 만든 다음, 예열한 오븐에 넣고 3분 후에 꺼내세요.

10. 잠시 식힌 다음 틀에서 꺼내어 냉장고에 넣어 주세요.

11. 둥근 그릇에 5의 크림을 담고, 가운데 10을 올려놓으세요. 얇게 저민 아몬드 두 개를 눈처럼 붙여 주면 '유령섬' 완성!

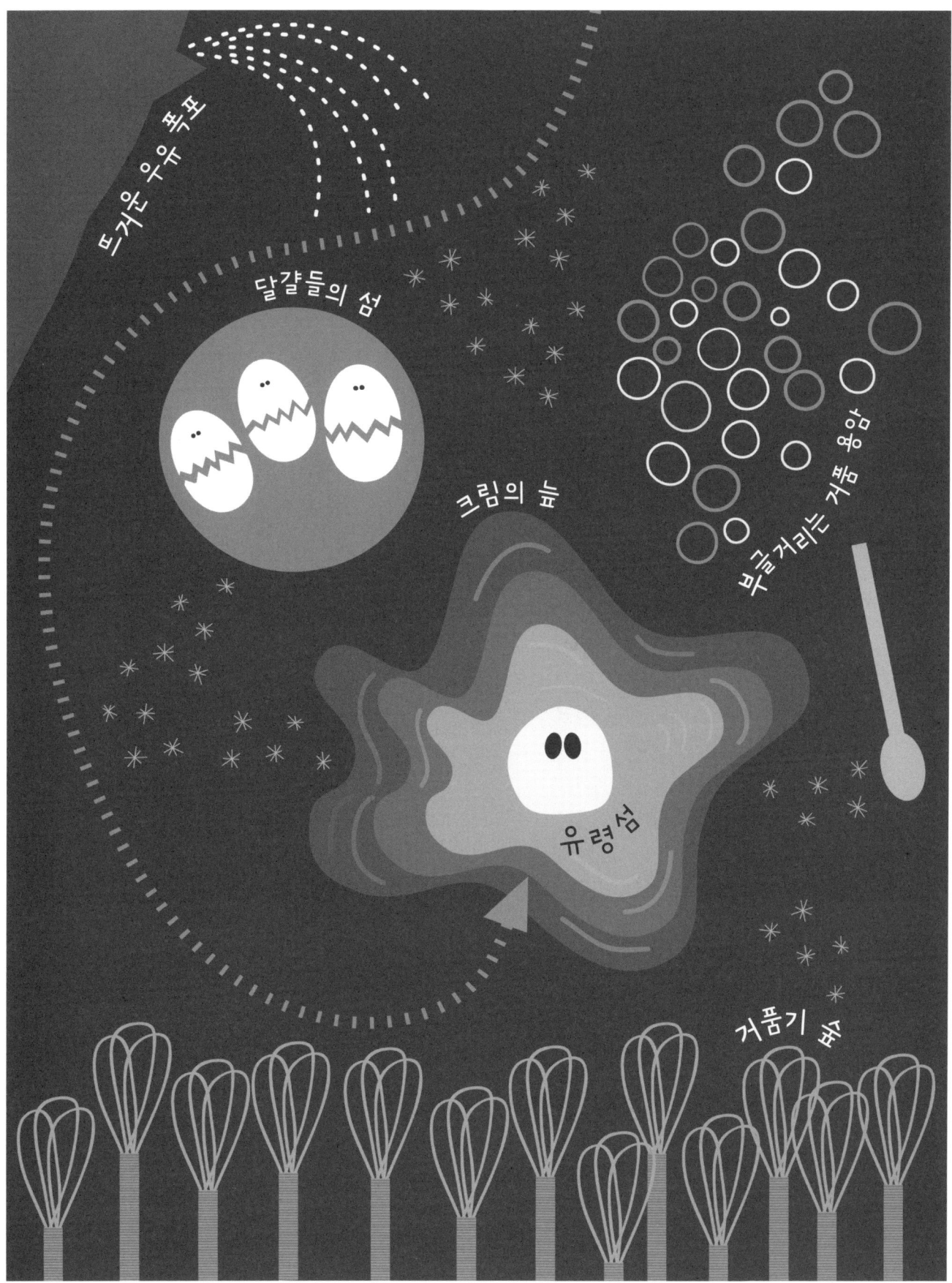

유령에 대한 으스스한 상상을 많이 수집했나요? 이제 여러분이 알고 있는 유령 이야기를 내게 해 줘요!

내가 알고 있는 유령 이야기

**여러분은 어떤 유령이나 귀신을 알고 있나요?
알고 있는 유령의 이름과 특징을 적어 보세요.
기억에 남는 귀신 이야기나 지어낸 이야기를 써도 좋아요.**

- 슬렌더 맨은 아이들을 데려가는 얼굴 없는 귀신이야. 팔다리가 길고 키가 엄청 커. 미국의 괴담으로 전해오다가 영화로도 만들어졌어. (박찬혁, 10세, 아산에서)
- 달걀귀신을 만나면 그 사람은 며칠 안에 죽어요. 눈, 코, 입은 없고, 달걀처럼 생겼어요. 말없이 열심히 걷기만 한대요. (김후성, 8세, 김포에서)

낱말풀이

우두둑 우두둑 해골 댄스

여러분, 책을 읽다가 모르는 낱말이 있었나요?
*표시가 된 어려운 낱말들의 뜻을 이곳에서 찾아보세요.
모르는 낱말이 여기에 없다면 사전을 찾으면 돼요.

ㄱ

- **광학** 빛의 성질을 연구하는 학문
- **기름때** 기름이 묻은 곳에 먼지가 앉아 된 때
- **기발하다** 놀랍도록 재치가 뛰어나다

ㄴ

- **난장판** 여럿이 뒤섞여 떠들어 대거나 뒤엉켜 뒤죽박죽이 된 곳

ㄹ

- **러너** 영어로 '뛰는 사람'이라는 뜻으로 공연계에서는 여러 가지 잔일을 처리하는 사람을 말함

ㅁ

- **마찰음** 두 물체가 서로 닿아 세게 비벼지면서 나는 소리

ㅂ

- **바닐라빈** 바닐라 열매. 향이 달콤하고 부드러워 케이크나 아이스크림을 만들 때 씀
- **버뮤다 삼각 지대** 미국 플로리다 해협과 버뮤다섬, 푸에르토리코섬을 잇는 삼각형의 해역. 수많은 배들이 사라졌다고 알려져 있음
- **불가사의** 사람의 생각으로는 헤아릴 수 없는 이상야릇한 일

ㅅ

- **수용소** 많은 사람을 한 곳에 가두거나 모아 놓는 곳
- **실감** 실제로 어떤 일을 겪는 것 같은 느낌
- **실종** (사람이) 어디에 있는지, 살아 있는지, 죽었는지를 알 수 없게 됨

ㅇ

- **은신처** 몸을 숨기는 곳, 또는 몸을 숨기기에 좋은 곳
- **음산하다** 느낌이나 분위기가 어둡고 으스스함
- **인터뷰** 어떤 사람을 만나 그 사람의 생각이나 계획 등에 관해 이야기를 나누는 일

ㅈ

- **정복** (남의 나라나 다른 민족을) 힘으로 쳐서 뜻에 따르게 함

ㅊ

- **찰스 디킨스** 영국을 대표하는 소설가. 작품으로는 《크리스마스 캐럴》, 《위대한 유산》, 《올리버 트위스트》 등이 있음
- **창백하다** 얼굴빛이나 살빛이 핏기가 없어 하얗다

ㅋ

- **캐스팅** 연극이나 영화에서 배역을 맡을 배우를 정하는 일

ㅍ

- **패트릭 스웨이지** 미국의 영화배우
- **프랑켄슈타인** 1818년 영국의 소설가 메리 셸리가 쓴 소설 제목이자 그 소설에 나오는 미치광이 과학자

ㅎ

- **행세** 사실은 그렇지 않은 사람이 그 사람인 것처럼 거짓으로 꾸미어 행동함
- **현상** 현재 나타나 보이는 모습이나 상태
- **희망봉** 아프리카 대륙 최남단에 있는 곶(육지가 바다 쪽으로 튀어나온 곳). 포르투갈의 항해자 바르톨로뮤 디아스가 발견하였으며, 당시에는 '폭풍의 곶(Cape of Storms)'으로 불렸음

답

앞뒤 표지 그림 중 다른 부분 일곱 군데는 다음과 같아요.

놀이 1 칙칙폭폭 유령 기차

1 '유'자로 시작하는 낱말은 '유리, 유도, 유행, 유황, 유모차, 유자차, 유치원, 유람선' 등이 있어요.

2 ① ㄹ ② ㄱ ③ ㄷ

놀이 2 마녀가 전해 준 목록

오른쪽 그림을 보세요.

놀이 4 신나는 핼러윈

1 그림 1: ㅁ   그림 2: ㄷ   그림 3: ㅂ
그림 4: ㄴ   그림 5: ㄱ   그림 6: ㄹ

2 답은 ②, ⑤, ⑥번이에요.

놀이 5 죽은 자들의 날

1 오른쪽에서 두 번째 그림자예요. 원래 그림과 비교해 보면, 머리에 깃털 장식은 있는데 말총머리가 없어요.

2 아래 그림을 보세요. **3** ㄱ: ⑦ ㄴ: ⑤ ㄷ: ② ㄹ: ⑧ ㅁ: ③ ㅂ: ④ ㅅ: ⑥ ㅇ: ①
(멕시코의 넓이는 196만 4375㎢이고, 대한민국의 넓이는 9만 9720㎢입니다.)

놀이 6 유령들이 사는 성

1 실마리 1: 그는 모자를 쓰고 있지 않습니다.
실마리 3: 그는 눈가리개를 하고 있지 않습니다.
범인은 밧줄에 몸을 둘둘 감고 있는 유령이에요.

실마리 2: 그는 발목에 쇠구슬을 달고 있지 않습니다.
실마리 4: 그는 코가 작습니다.

2 방문자 여러분, 안내해 드립니다.
조심하세요!
이 문을 지나가면 유령이 사는 성으로 들어가게 됩니다.
그러니 겁이 많은 사람들은 돌아가시기 바랍니다.
양해해 주셔서 감사합니다.
성안에 사는 여덟 유령 씀

3 ㄷ

놀이 7 무시무시한 동물 가게

그림에 있는 동물은 다음과 같아요.

1 날 수 있는 동물 여섯 마리
웃는 악어 한 마리
눈을 뜨고 있는 박쥐 한 마리
서 있는 쥐 한 마리

2 입맛을 다시는 두꺼비 한 마리
얼굴을 숨긴 뱀
다리를 오므린 거미 한 마리

상상수집가 조르주와 함께 상상을 모으러 떠나요!

《상상수집가 조르주》는 프랑스의 메종 조르주 출판사가 기획한 어린이 잡지 《조르주(Georges)》의 한국어 판입니다.
각 호의 주제에 맞는 다양한 이야기, 놀이, 지식 정보를 담아, 아이들이 스스로 주제를 탐구하고 상상력을 키웁니다.

1권 공룡

이야기 | 아델의 공룡 사촌들, 공룡을 조련한 사람, 도형 왕국의 꽃미남 왕자
놀이 | 공룡 이름 퀴즈, 공룡 기네스북, 종이 공룡 만들기
쓸데 있는 지식 | 일본어, 고생물학자 인터뷰, 영화 〈박물관은 살아 있다〉,
화산 폭발 실험

2권 유령

이야기 | 유령이 최고야, 유령선, 지하 묘지에 간 마키
놀이 | 마녀가 전해 준 목록, 죽은 자들의 날, 종이 유령 만들기
쓸데 있는 지식 | 루마니아어, 유령 전문 연기자 인터뷰, 영화 〈아담스 패밀리〉,
유령 디저트 유령섬

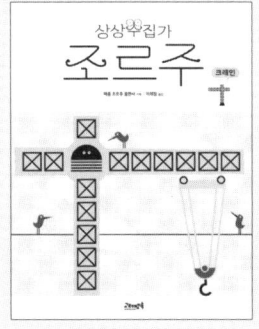

3권 크레인

이야기 | 공사장 풍경, 구름 위를 걸었던 사나이, 항구에 간 마키
놀이 | 세계의 높은 건물 퀴즈, 집 짓는 사람들, 종이 크레인 만들기
쓸데 있는 지식 | 그리스어, 로프공 인터뷰, 영화 〈스파이더맨〉, 맛있는 디저트 브리크

4권 샴푸

이야기 | 최고의 샴푸, 공포의 머리털, 헤어드라이어의 발명
놀이 | 꼬꼬 샴푸 광고, 빗 도둑을 찾아라, 머리 감는 사람 만들기
쓸데 있는 지식 | 히브리어, 정전기 원리 실험, 영화 〈미용사〉, 가발 장인 인터뷰,
클레오파트라 가발 만들기

5권 의자

이야기 | 파블로와 의자, 공포의 의자 경주, 의자 하나만 그려 줘!
놀이 | 골동품 의자 가게, 즐거운 의자 놀이, 종이 의자 만들기
쓸데 있는 지식 | 의성어, 공간 디자이너 인터뷰, 종이 집 만들기, 영화 〈르 그랑 레스토랑〉, 재미있는 디저트 몬스터 카나페

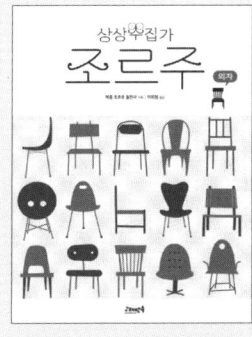

6권 UFO

이야기 | 나사의 나사 빠진 사람들, 악당의 등장, 핼러윈에 화성인이 나타났다!
놀이 | 태양계 행성 퀴즈, 숨은 외계인 찾기, 종이 비행접시 만들기
쓸데 있는 지식 | 외계인 언어, 우주 비행사 인터뷰, 영화 〈스타워즈〉, 별자리 젤리

7권 시계

이야기 | 시간을 파는 꼬마, 아, 소중한 시간이여, 'T'가 없는 로베르를 찾아라!
놀이 | 시간을 지켜라, 세계에서 가장 유명한 시계탑, 종이 자명종 만들기
쓸데 있는 지식 | 시계공, 해시계 만들기, 영화 〈백 투 더 퓨처〉, 미뉴트 케이크

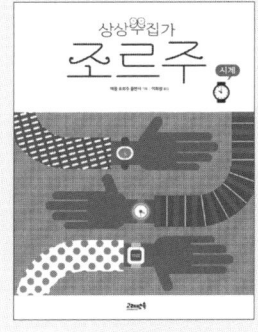

8권 새

이야기 | 오쿠 이야기, 스파이 비둘기 바이양, 지네트 사건의 결말
놀이 | 나는 무슨 새일까요, 기러기 놀이판 만들기, 새에 관한 십자말풀이
쓸데 있는 지식 | 맹금류 사육사, 스페인어, 달걀 탱탱볼 만들기, 영화 〈치킨 런〉

9권 요리

이야기 | 대식가를 찾아라, 바닷가에 웬 포크가?, 요리사의 왕 앙토넹 카렘
놀이 | 주방 도구를 찾아라, 소금 통과 후추 통 만들기, 젓가락질 잘하는 법?
쓸데 있는 지식 | 주방장, 루셰벰어, 영화 〈찰리의 초콜릿 공장〉, 샤를로트 케이크

기획 메종 조르주 출판사 Editions Maison Georges

《상상수집가 조르주》는 프랑스의 메종 조르주 출판사가 기획한 독창적인 어린이 잡지 《조르주(Georges)》의 한국어 판입니다.
각 호마다 주제를 정한 뒤, 주제에 맞는 다양한 이야기, 놀이, 지식 정보를 담아, 아이들이 스스로 주제를 탐구하고 상상력을 키웁니다.
독특한 구성으로 프랑스 내 여러 잡지사들로부터 극찬을 받았습니다.

글 릴리 스크라치, 마리 노비옹, 뱅상 자도, 로지, 오르젤
그림 릴리 스크라치, 마리 노비옹, 세브랭 미예, 마르타 오르젤, 엘레나 그자우사, 아르노 페츨,
장다비드 맹스루, 스테파니 라슨, 아누크 리카르, 오펠리 베르노, 르노 비구르, 우드 캠퍼스

옮김 이희정

서울여자대학교 불어불문학과와 한국외국어대학교 통번역대학원 한불과를 졸업했습니다. 《상상수집가 조르주》시리즈와
《어서오세요 몬스터 학교》시리즈,《블랙 걸》,《야스미나와 감자 먹는 사람들》등 다양한 분야의 프랑스 책을 우리말로 옮겼습니다.

상상수집가 조르주
2권 유령

1판 1쇄 2018년 8월 27일 1판 2쇄 2023년 12월 4일 | 기획 메종 조르주 출판사 | 글 릴리 스크라치 외 4인 | 그림 스테파니 라슨 외 11인 | 옮김 이희정
편집 김양희, 오선희 | 아트디렉팅 이인영 | 디자인 정다운 림어소시에이션 | 찍은곳 동인 AP 031.943.5401 | 펴낸이 김구경 | 펴낸곳 고래뱃속
출판등록 제2021-000057호 | 주소 서울특별시 강서구 강서로56가길 37, 502호 | 전화 02. 3141. 9901 | 전송 0303. 3448. 9901
전자우편 goraein@goraein.com | 홈페이지 www.goraein.com | 페이스북 goraein | 유튜브 goraein | 인스타그램 goraebaetsok
ISBN 978-89-92505-82-6 74370 | ISBN 978-89-92505-80-2 74370(세트)
Georges Copyright ⓒ Editions Maison Georges | Georges is a registered trademark by Maison Georges | Translation copyright ⓒ 2018, Goraebaetsok
This edition was published by arrangement with The Picture Book Agency, France and the Choice Maker Korea. All rights reserved.
이 책의 한국어판 저작권은 초이스메이커코리아를 통해 저작권자와 독점 계약한 고래뱃속에 있습니다. 이 책은 저작권법에 따라 보호받는 저작물이므로,
이 책 내용의 전부 또는 일부를 무단으로 복사·복제·배포하거나 전산장치에 저장할 수 없습니다.

KC 제품명 상상수집가 조르주 2권 유령 | 제조자명 고래뱃속 | 제조국명 대한민국 | 인증유형 공급자 적합성 확인 | 사용 연령 7세 이상 | 주소 서울특별시 강서구 강서로56가길 37, 502호
전화 02.3141.9901 | 제조일 2023년 12월 4일 | KC마크는 이 제품이 공통안전기준에 적합하였음을 의미합니다. | ⚠주의 아이들이 책을 입에 대거나 모서리에 다치지 않게 주의하세요.